빛으로 쓴 시

빛으로 쓴 시

호암 강백진 詩寫集

동행

시인의 말

빛으로 그려지는 자연의 형상들이
찰나의 미학을 만들어 감성의 언어로 말을 걸어 왔습니다.

잠시 숨을 고르며 찰칵!
피사체에 영혼을 담아 대화하며 사진가로서 시인으로서 걸어온
길 위에 두 번째 시집을 엮습니다.
흘러가는 시간 속에 내 마음의 길은
잔잔한 호수 위를 내 달리 듯 물결치고 있습니다.
하루하루 아주 특별한 날은 아니라도
한 번뿐인 인생의 초침에 아름다운 날을 담아내고
행복의 날개를 펼쳐보고 싶어집니다.

동심의 푸른 보리 밭길을 지나 불타는 청년을 뛰어 넘어
신이 주신 아빠라는 이름의 중년이 되어보니
그리움의 흔적들이 살며시 고개를 내밀었습니다.

여기 저기 여행한 추억의 이야기가
내 삶의 일부가 되어 사랑과 일 그리고 가족 이야기가
詩의 파종이 되어 소중한 글밭이 되었습니다.

인생은 서로 더불어 하나되는 마음으로
끊임없이 소통하며 내가 네가 되어가는 것이라 생각을 합니다.
아름다운 그림을 선물해 주신 유재임 서양화가님,
존경하는 리조 림만선 선생님께도 깊은 감사를 올립니다.
그리고 언제나 사랑하는 우리 가족과 지인들께도
깊은 감사를 전합니다.

2018년 녹음이 가득한 오월에 **강백진**

차례

제2부 프롤로그

제3부 3초의 미학

제4부 달콤한 잠

제5부 사랑의 미학

제6부 찰나

제 1 부

나를 위한 詩 한편

다람쥐 마을

빗방울이 떡잎을 때리는 아침
너럭바위 위에 줄다람쥐
허둥지둥 꼬리를 흔들며 나타났다

살짝 놀란 가슴
숨죽이며 바라보다 휘둥그레
귀엽고 신기해

늘 보던 임곡 뒷산 풍경 속
한 폭의 산수화가 그려지고
산새 소리 유난히 크게 울린다

간밤 더위 식히는 여름비가
들꽃 가득하고 녹음이 풍성한
다람쥐 마을을 신바람 나게 했겠지

꿈보다 해몽

하룻밤 꿈이었던가
이상의 날개를 펼치고 싶은 나에게
보일 듯 말 듯 밀려드는 사랑 언어

헤어날 수 없는 그리움의 바다
폭풍우 헤치고 욕망의 파도를 넘어
망망대해 깊고 깊은 썰물의 흔적

겹겹이 펼쳐진 꿈속 이야기 따라
잡힐 듯 말 듯 달려가는 야생마처럼
넓은 초원 위 홀로 선 탕아

헤어날 수 없는 삶의 굴레를
둥실둥실 구름을 타고 올라
순간을 탐닉하며 멀어져 간다

터져 오르는 감정의 복선들은
주체할 수 없는 내 마음의 고향
흘러가는 하룻밤 꿈속

산책하는 까치

굽이쳐 돌아가는 산책길
나무 그림자 뒤에
까치 발자국

무리 지어 산책하는 반가운 손님
산골 마을에 반가운 손님 오려나

두리번두리번
당찬 발걸음
눈 마주친 순간

한걸음에 날아올라
뒤뚱뒤뚱 다시 제자리

언제나 가슴 뛰는
싱그러운 아침 산책길

운주사 비경

초롱한 눈망울 줄다람쥐
폴~짝 뛰어들었다
여기 저기
숨겨진 보물이 숨을 쉬고
있는 운주사*
비탈길 사이로 수줍은
불상들
우뚝 솟은 석탑을 보고 섰다
세월에 깎이고 패인 흔적엔
혼란의 역사가 흐르고
천불 천탑은 구슬픈 범종
소리에
가슴 태우며 말이 없고
하늘만 바라보던 와불상은
태평성대 꿈을 노래하다
목이 메여 누워 운다

* 운주사 : 전남 화성군 도암면 소재

늘 그 자리

살다 보면
마음이 요동치고
외롭다 느껴질 때
일상을 벗어나
구름처럼 바람처럼
유유히 날고 싶어진다

누구나 그러겠지만
삶은 들판에 홀로 핀 갈대처럼
쓰러지지 않는 곳
늘 그 자리에 있다

친구가 있고
사랑하는 이가 있고
행복한 가족이 있으므로
아름다운 인생이 영글어 간다

부족한 마음 한구석을
사랑의 언어로 채울 때
내가 살아가는 이유가 되며
보고 느끼는 순간들이 모여
나만의 추억이 된다

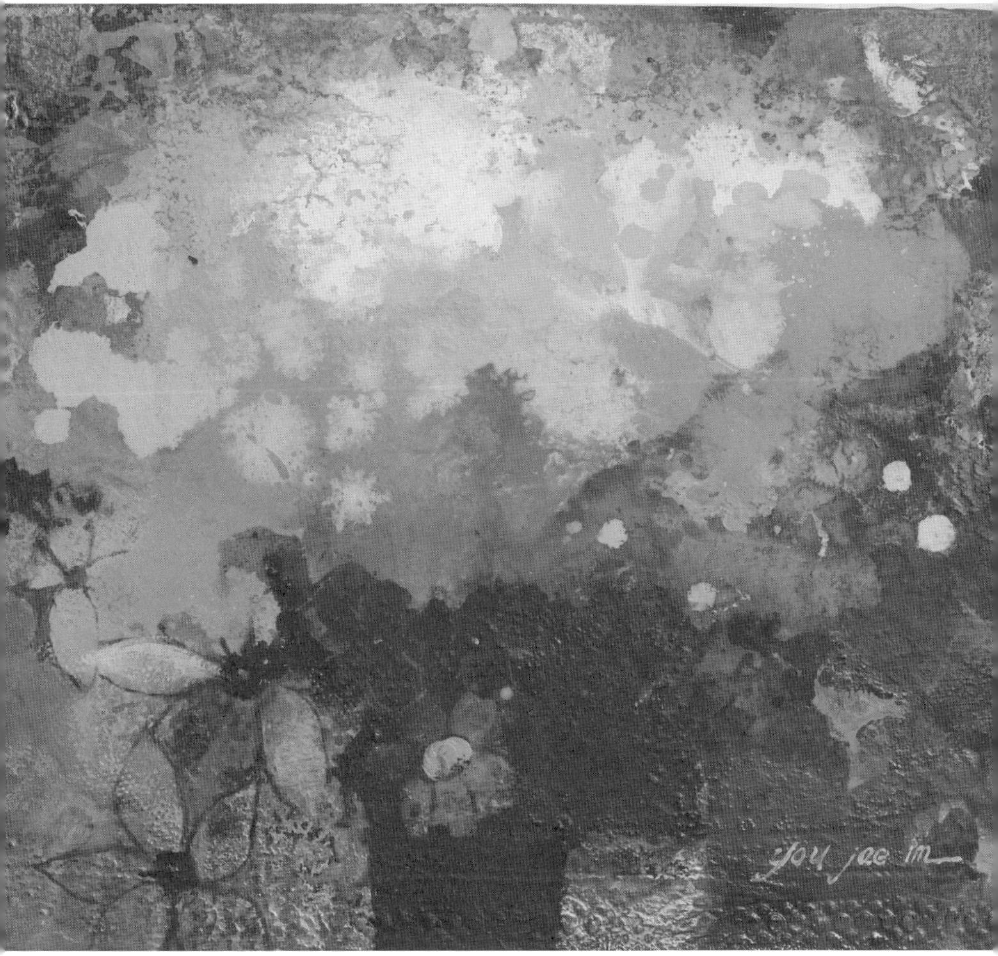

나를 위한 詩 한 편

난 해맑은 미소의 어린아이였어
엄마의 사랑을 담뿍 받았던 소년 시절도
철없던 또래 속에 내 모습
동네 꼬마 친구들과 자연을 벗 삼아 놀던
그리운 추억들 고스란히 내 몸 안에 남았어
장마철 징검다리 건너갈 때 미끄러져 떠내려간 고무신
가슴 철렁한 그 마음을 엄마는 아셨을까?
뒷산 만발한 진달래꽃
내 마음 넓은 세상 향해 나래를 펼치고
당산나무 그늘에서 제기차기하며 놀던
선명한 기억 속의 유년
누가 이기고 지는 것이 다가 아니었어
마음 한구석에 담을 수 있는 우정의 깊이가
이제야 전해져 오는 추억
한여름 첨벙거리며 냇가에 몸을 던지면
풍성한 고기떼가 날 무서워했을 거야
하루도 쉬지 않고 잡으려 했으니까
고사리 손을 돌 밑에 넣으면
미끈거리는 그 느낌이 참 신기했지
해마다 잊을 수 없는 참외서리의 설렘이
가슴 철렁한 깨복쟁이 친구들의 모습들…
돌담길에 살짝 얼굴을 내민 빨간 앵두가
그렇게 맛있을 수 있을까
해가 질 때면 귀신놀이 무섭기도 했고
밤하늘의 별들은 셀 수가 없었어
난 이런 우리 고향이 왜 그리도 고마울까
가방을 맨 작은 아이가

벼가 익어가던 황금들녘을 향해 소리쳤어
엄~~마~~
아직도 내 마음에 쟁쟁쟁 울리는 아름다운 메아리

바스락거리던 갈색 옥수수 술에
가을 저녁 허기진 수제비의 향수는
추억을 가득 담고 있어
앞산에 하얀 눈 소복이 쌓일 때면
산수화를 그려 놓은 듯 정겨운 풍경
바둑이랑 온종일 해 지는 줄 모르고 뛰어놀았지

사계절의 아름다움이 가득한 호암마을*은
어린 시절 너무도 소중한 추억 선물이며
나를 위한 한 편의 서사시敍事詩지

* 필자의 고향인 전남 화순군 도암면 호암리 마을

달의 변주곡

깊어 가는 밤
별빛 초원 위에 서 있는
영롱한 달빛이
눈앞에 다가와

형언할 수 없는 이야기로
노래한다

한두 발자국 뛰면
달무리 속에 포근히 잠든
토끼가 보이고

바람소리 잠든 새벽을
말없이 노래하는 마음으로
흘러갈 때

숲의 그림자 사이로
보일 듯 말 듯 스쳐가는
신비로운 모습에 가슴이 뛴다

달빛이 살며시 멀어져 가면
넓은 밤하늘이
땅을 따사로이 감싸며 미소 짓는다

개똥철학

내가 눈을 뜨고 있다는 것은
거침없는 역사의 연장선이며
피할 수 없는 삶의 정신이다

물 흐르듯 흘러가는 시간 위에
둥둥 떠가는 흰 종이배 띄워볼까

버리면 가벼워진다는 진리를
개똥철학이 말을 하고
내 몸은 욕망에 몸부림친다

폭풍우 몰아치는 날이면
허둥대는 잠사리처럼
조급한 하루를 보내야 했다

사람으로 태어나
마음이란 울타리 속에
사랑의 텃밭을 심고 싶다

사람으로 태어나
이상을 꿈꾸는 영혼 앞에
끝이 없는 노래를 부르고 싶다

눈썹달

앞산 등선 위
눈썹달이 얼굴을 내밀었다
밤하늘에 펼쳐진 별나라 풍경

깊어가는 여름밤
아파트 가로등도 잠이 드는데
수줍은 눈썹달
절로 나는 콧노래

투명한 그 얼굴로
나를 보고 미소 지으면
세상 근심 어둠 속으로 사라지고

넓은 호수를 펼쳐 놓은 듯
수많은 별님이 손짓하고
유유히 흘러가는 눈썹달

you jae im

아! 매화로구나

새하얀 속살
새하얀 미소 머금고
외로운 텃밭 봄을 피웠다

피어오른 꽃망울의 자태 속에
따스한 봄빛 터져 나오며
여린 향기에 취하는 아침

지나던 발걸음 멈추고
양팔 벌려 안아보니
전해오는 내 님의 향취

매화꽃의 마음처럼
그대를 향한 나의 사랑이
피고 지는 매화 향기와 같이

수줍음 가득 안고
진한 봄꽃 동산 위에
아지랑이 머금고 날아오른다

바람의 언덕

두 팔 벌려 바람의 소리를
온몸으로 듣는다

지친 바람이
외로운 풍차를 만나면
창공을 가르는 갈매기 울음소리
바람의 언덕을 휘감아 돈다

억겁의 세월 지나
낮은 울타리 사이
갈대의 보금자리

춤추는 바람개비 그림자 따라
까르르까르르 뛰노는 동심의 발구름

바람은
청명한 하늘 지붕 삼아
거침없이 하루를 날아올라
말없이 망망대해 바라보며
세월의 무게를 바다에 실어 보낸다

내가 머무르는 곳에

가파른 언덕을 오르면
살가운 빛이 흐른다

가녀린 심장 소리는
내 눈과 귀
그리고
마음을 흔들고 있다

사랑을 찾아 떠났던 그 남자는
들꽃 향기에 마음 저리며
가슴을 내어주는 시인이 되었다

자연의 소리를 닮고 싶어
주저 없이 바람과 친구 되고
드넓은 대지를 품고 있다

내가 머무르는 곳에는
빛이 흐른다
영혼을 흔드는 사랑이 춤춘다
자연이 숨을 쉬고 있다

골목마다 커피숍

작은 키의
내 눈높이는
길거리 간판보다 아래다

이~집
저~집
가는 곳마다
커피숍이 널브러졌다

어느덧
진한 커피 향이
골목을 점령했고

내 몸에도
까만 향기가
파고든다

일 년 삼백육십오일
대한민국
커피로 여는 나의 하루
또 하루

동백꽃 피고 지고

겨울바람 디디고 서서
백설白雪에 불그스레 얼굴 내밀고
잔잔한 호수 위를 타고 넘는다

아지랑이 넘실대는 곳에
노랑나비 유유히 날고
산새 소리 청아하게 울려오면

따사로운 햇살은
꿀 따러 온 벌님 춤추게 하고
나른한 오후 달콤한 입술을 부른다

땅의 기운 머금고
줄기마다 힘찬 정기
하늘 향해 꿈의 나래 펼 때

사계절 푸르른 잎 마디마디
굽이치는 세월을 감내하며
거센 해풍에 소박한 집을 짓는다

추억 이야기

떠도는 구름이 비를 내리고
높고 낮은 산등성을 돌아
내려다본 세상

꿈을 찾아
친구 찾아
사랑 찾아 떠나는 여행

고추잠자리 가벼운 날개 짓
철마다 옷을 갈아입던 고향 들녘
옹기종기 모여 정겹게 먹던
한여름 날 밭둑의 새참

마음의 크기만큼
조금씩 조금씩
그려가는 시간의 흔적들
가슴 깊은 추억은
잊을 수 없는 삶의 노래
사랑의 언어로 미소 짓는
추억 이야기

내 마음의 풍차

이른 아침
정열의 태양이 깨어난다

초롱초롱 이슬방울 머금고
흰나비 한 마리 뭉게구름 위를 날아오를 때

안개 자욱한 호수에
바람이 출렁!
작은 물결을 그려 놓았다

매일 다가오는 하루를
온전히 느낄 수 있는 것은
내 마음이 깨어 있음이요
신이 허락한 오늘의 축복

쉼 없는 인생의 풍차를
스쳐가는 바람과 함께 내달린다

뒤척이다

일상의 쉼터
네모 난 침대 위
숨 가쁜 하루의 종착역
창밖을 보며 뒤척인다

베란다 너머 빌라촌은
지금 재개발 중

자주 갔던 갈비집도
덩그런 간판만 있을 뿐
불 꺼진 지 오래

시간 지나면
그 어떤 추억도
재잘거리는 미소를 남기고
추억 속으로 밀려 나간다

여름 장맛비가 사오일
메마른 대지를 적시고
베란다 창문에는 무심한 빗방울이
사선으로 흘러내린다

나비의 계절

풀 냄새 가득한 오솔길에
꽃이 나비를 업고 있었다
명지바람 따라
하늘거리다 밀려나고
녹색 물결 위에
색동 그림을 그리며 날아올라
천사의 미소로 유혹할 때
그 누구도 채울 수 없는
하루의 여백을 여행한다

제 2 부

프롤로그

다르다는 이유로

마음이 흘러가는 곳에
생각의 징검다리 놓으면
부드러운 물결 만들 수 있다

고립된 공간 안에
자신을 가두는 일은
생명의 뿌리를 썩게 하고
세상과 마음의 벽을 만든다

나와 똑같은 사람은 없다

다르다는 이유로
차별적인 마음을 갖는나면
아름다운 자연의 선물을 볼 수 없다

오장육부의 법칙

따스한 손이 얼굴을 지나고
벌떡거리는 심장 소리 들리면
몸의 시계가 눈을 뜬다

내가 나를 보고 있는 듯
저 발끝 마을에서
머리꼭지 숲까지
시간의 탈을 쓰고 있구나

시시때때로 악한 감정에 휘말려
흔들리는 갈대처럼
오장육부의 법칙을 어긴 게 몇 번이던가

어리석은 나의 행동들
구석구석 숨겨놓은 가시 되어
내 눈에 보이는 작은 공간을 흔들어 놓는다

태어난 순간부터
지금까지
한순간도 나는 내가 아니고
신이 주신 고귀한 생명이니
내가 나를 돌아보며
오장육부의 법칙을 지킬 일이다

그것은
비로소 나 자신이
온전한 내가 되는 것이 아닐까

안개꽃

자욱한 이슬 머금고
피어난 꽃망울처럼

하얀 안개는 구름꽃 되어
대지를 감싼다

유속처럼 밀려들어
외로움의 공간을 채우고

청아한 새소리
내 마음 한 편의 동화나라

안개 자욱한 날이면
구름 위에 홀로 서서

신비의 세계를 탐험하며
영혼의 자유를 펼치고 싶다

낙서 인생

또 어디를
그렇게 가고 있을까?

뚜벅뚜벅 걸어온
내 마음의 풍경들이 펼쳐진다

시골에서 도시까지
물 흐르듯 펼치고 달려

지나온 자리들이
그리움 실은 마차 되어 밀려든다

햇살 가득, 푸르름 넘실넘실
형형색색 아담한 마을 되었고

배움은 늘 꿈을 펼치게 했으며
노력은 늘 열매를 맛볼 수 있게 했다

담담히 하루하루를 살다 보면
자연스레 그려지는 것이 낙서 인생이다

아침이 온다는 것은

행복이다
아침이 온다는 것은
따사로운 햇살이
대지를 깨우고 생명을 밝히는 것

사랑이다
아침이 온다는 것은
푸른 바다를 가르는
갈매기 한 쌍의 노랫가락에 춤을 추는 것

배움이다
아침이 온다는 것은
새로운 모든 것들에
신비의 세계를 경험하는 것

기쁨이다
아침이 온다는 것은
사랑하는 사람들의 모습을
다시 볼 수 있는 새로운 날이다

희망이다
아침이 온다는 것은
상상의 나래를 펴고
훨훨 날아오를 수 있다

그래서
아침이 온다는 것은
우주의 역사가 도약하는 출발점이다

먼 거리

행복한 사람들은 말합니다
마음이 통하는 사람들은
항상 내 곁에 있다고

하지만 도무지 알 수 없는 것이
마음이란 도화지입니다

가까이 오는가 싶더니
저만치 달아나 버리는
바람에 출렁이는 풍선처럼

생각의 끈을 놓을 수 없습니다

사람 사는 세상에
사람들 품속에서
사람의 향기에 동화될 수 있게

마음의 거리를 어루만져
하루를 온전히 살고파
내 마음속
따뜻한 정원을 가꾸고 싶습니다

프롤로그

인생은 유유히
바람결 따라 흘러가는 구름

흔들리는 마음
살며시 두드리며
사랑스럽다고 말하고
감사한 하루를 만들어 가는 것

언제나 나약한 삶의 뿌리를
깊은 행복의 밭으로 만들고
성장의 열매를 추구하는 것

세상의 상처들과 몸부림치며
비탈진 언덕 위에 홀로 서서
가슴 열어 눈물을 삼키는 것

남자로 태어나 한 여인을 위해
심장이 터질 듯 차오르는 사랑을 노래하고
영혼의 자유로 살아가는 것

인생은 삶의 향수 따라
흐르고 흘러가는 시간여행
하루하루 새롭게 비상하는 조각구름

마음으로 그리는

터벅터벅 혼자만의 하루를 등에 업고
버스 정류장 지나
플라타너스 가로수 길을 따라
두툼한 털옷으로 스쳐가는 사람들 사이로
시간이 멈춘다

비밀스러운 감정의 풍차처럼
밀려오는 인생의 무게는
시대를 풍자한 소설 속 얼굴이구나!

어디로 가고 있는가?
어떻게 살고 싶은가?
어떤 사랑을 노래할 것인가?
어떤 이별을 꿈꾸는가?

하루하루 펼쳐지는 내 마음의 그림 속에
조각구름은 유유히 춤을 추며 흘러간다

눈 뜨면 보이는 모든 것들에 감사한
평온한 내 마음
끊임없는 삶의 무게를 느끼며 살고 싶은
마음으로 그리는 오늘

내 마음의 길

자연에 순응하며
터져 나오는 영혼의 언어들이
오감의 파도를 넘어 솟구친다

하루가 보내준 선물은
시간의 연속성 위에
내 마음의 길을 그리는 것

차곡차곡 쌓여가는
순간의 감정 언어들
어루만져서 달래어 주면

파도처럼 밀려오는 풍파도
끝이 보이지 않는 미래도
한 편의 시가 되어 피어난다

인생은
숨을 고르며 나를 보는 것
生으로 왔다 死로 이어지는 것

모과 향기의 추억

가을이 무르익어 가던 날
넓은 밭에
모과나무 한 그루

하늘거리는 갈대를 내려보며
노란 열매를 자랑한다

코끝을 타는
진한 향기
마음을 흔든다

고요한 산골 마을
들녘 가득한 모과 향기의 추억은
아직도
온몸을 휘감아 돌고
그리운 향수를 불러온다

행복한 날들

핸드폰 알람 소리에
부스스한 얼굴
습관적으로 무거운 몸 거실로 던져보니
베란다 창문에 햇빛이 내리지 않았다

그렇지
'갈비 굽는 마을' 가게부터 재개발이 된다고
하니 어려운 사람들이 더 방황하고 있는 것 같다
한때는 연기 가득 마셔가며
준수네 아빠하고 소주도 한 잔 했었지

소파 위에 기대어 있다 보면
평온함 속에 지난 추억들이 몰려온다

눈을 잠시 깜빡거리면
책은 늘 내 곁에서
여기저기 널브러져 있다

요놈 저놈을 만지작거리다가
맘에 들어온 놈 몇 장을 넘기다 보면
베란다 창문에 부드러운 햇빛이 넘어온다

입가에 미소를 머금으며
상쾌한 아침을 가슴으로 품는다
아하!
우주의 기운이 나를 보고 있다

you jae im

안양에 살면

나지막한 관악산 줄기 사이로
우람한 청계산이 함께 하는 곳

오붓한 두 산맥이 따듯하고 편안한
살기 좋은 안양

천변로 흐르는 맑은 물줄기 속에
다양한 색깔 힘찬 고기 떼
흐드러지게 핀 개나리, 벚꽃의 향연

망해암에 올라 붉게 타오르는 일출을 보면
도심 속 작은 근심은 사라지고
정다운 이웃들 미소 속에
스마트한 도시를 지향하는 곳, 안양

빠른 시대의 흐름을 타면서
자연 곡선의 아름다움이 살아 숨 쉬는 곳
그래서 안양에 산다

잔소리 법칙 · 2

늘 그랬던 것처럼
넘쳐나는 말의 습관에 빠지지 말자

아무리 좋은 말이라도
상대의 마음을 울릴 수 없다면
공감의 도구가 될 수 없다

진정한 사랑의 언어만이
잔잔한 입가에 미소를 주며
행복의 파장을 넘나들 수 있다

말 잘하는 사람이 성공할 순 있어도
텅 빈 마음 기댈 곳은 없으리라

말은
내가 존재하는 표현의 상징언어다
따뜻한 가슴을 나눌 수 있는 감정언어다

멀어져간 모습들

하루가 지나더니 어제가 되고
어제가 멀어지더니 추억이 되어
그리움 가슴 속에 출렁일 때

달려가고 싶은 고향 마을
보고 싶은 친구들 얼굴
마음속 풍경

변하지 않는 것이 무엇인가
고무신 신고 걷던 신작로에
자동차를 몰고 온 아스팔트

참새들 놀이터 선봇대도
고층 아파트 물결에 밀려가고
동네방네 빨래터 수다는 멀어져 갔다

그렇게 많은 시간이 지났어도
순간순간을 기억하는 것은
열린 가슴 그리움 때문이다

물처럼 바람처럼

심심산천 흘러
옹달샘 지나
숨을 고르고
계곡에 떨어진 물처럼

멈출 수 없는 생명 줄기
부드러운 곡선을 타고 흐른다

참나무 떡갈나무 잎에
초인종 울리며
구름을 타고 온 바람처럼

물처럼 바람처럼 살며
영겁의 세월 속에
작은 연못에 엎드린 물잠자리처럼

자유로운 영혼의 언어로
내 인생 여행의 날개가 되었다

멈춰선 시간

고개 들어 새파란 하늘 보면
답답한 가슴이 구름 파도를 넘고
이글거리던 눈빛도 시원스럽다

세상은 나만을 위한 시간을
단단한 대지 위에 허락하고서
마음 가는 길을 재촉한다

바람을 맞이하는 들풀들의 속삭임도
고갯마루 넘어가는 아지랑이 뒷모습에도
멈춰진 시간 속 아쉬움

내가 가야 할 길에
바람 드센 나뭇가지처럼 흔들린다 해도
순간에 행복을 즐기는 내가 되며

버틸 수 없는 일은 없고
가지 못할 길은 보이지 않으니
사랑 가득한 마음으로 살고 싶다

마을버스 7번

길 위에
네모난 상자
둥그런 바퀴를 타고
임곡마을 휘돌아 나아간다

아스팔트 위에
제일 큰마음 실어
질주하고 싶은 마을버스 7번

초인종 소리에 놀란 가슴
멈추어 선 정거장 사이로
동네방네 정겨운 풍경

구부러진 동네 길을
지뚱지뚱 미끄러지며
내달리는 하루

어딘가 가고 싶은
사람들의 마음을 담고
꿈을 향해 달리는 마을버스 7번

제 3 부

3초의 미학

사진 일기

찰나의 순간
빛이 멈추고
감정이 멈추고
추억의 시계가 멈추어 선다

복잡한 삼차원 세계를
뺄셈의 철학으로 그리는 사진 미학

사진은
삶이 투영된 거울이며
시대를 앞서가는 감정언어, 시각예술

마음속 그림을
네모난 틀 안에
끝없이 대화하는 사랑 언어

세상 모든 빛의 그림자를
친구삼아 떠나는 나그네처럼
난 오늘도 사진 일기를 쓰고 있다

3초의 미학

찰나의 감정
영혼의 메아리 따라
마음속 깊은 곳에 오감을 두드린다

헤아릴 수 없는 느낌으로
어디선가 본 듯한 첫사랑처럼
나의 온몸을 흔들어 깨우면

오가는 시간의 기차를 따라
자연의 향기를 담으려
하염없이 떠돌던 발걸음

온 가슴으로 사랑을 담아
영혼을 흔들어 깨우고
배려의 몸짓으로 하나된 마음

고개 떨군 방랑자는
신이 주신 생명 앞에
3초의 미학 선율 되어 흐른다

그림 여행

내 삶은
빛으로 빚은 그림

동이 트는 아침부터
정열의 태양을 즐기는 정오 지나
황금물결 춤추는 노을이 밤을 부를 때

내 인생은 빛의 그림자 위에
추억의 하루를 만드는 그림 여행

무수한 별들의 노래에
마음 가득 그리운 님 그리며
사랑의 흔적들 펼쳐내어
꿈꾸는 사랑에 눈물 흘리고

오늘도 잠들지 않는 나의 사랑
적막한 새벽을 하얗게 지새우고 있다

외길 인생

보이지 않는 매력에 이끌려
사각 프레임에 갇혀
빛으로 그림을 그린다

자연의 언어들이
아름다운 사랑의 노래 부르면
찰칵!
셔터 소리 크게 들린다

마음속 대화의 창은
이 세상 모든 형상을 담았고
순간의 행복을 불러온다

시간이 쪼개지며 달려오는 하루가
벗어날 수 없는 굴레 속
외길 인생을 만들고

만리 길 돌아
철들지 않는 영혼 벗 삼고
나만의 인생길 여행하고 있다

빛의 시인

빛이 흐른다
찰칵 찰칵
빛이 모인다
찰칵 찰칵
자연의 형상들이 그림을 그린다

한 장의 사진 속에
영혼의 숨소리 담고
꿈꾸는 인생을 노래하며
추억의 전령사 되어 간다

순간을 탐닉한 빛의 흔적들
사각의 틀에 가두고
흘러가는 구름 벗 삼아
영원한 사랑 꿈꿀 때

정처 없는 시간 따라
마음 가는 길 따라
정열의 태양을 가슴에 품은
나는 빛의 시인

길 위에 선 남자

심장이 요동치며
하루를
삼킨다

남자로 태어나 한번쯤
꿈을 이루고 싶은 질주본능
삶에 도전하는 길 위의 남자

한 번뿐인 순간의 기쁨
행복 주머니에 담고
나만의 인생길 여행할 때

바람 부는 들판에 홀로 서서
흘러가는 구름을 보며
그대 내 가슴에 있음에
철없는 나그네 미소 짓고
오늘도 숨 가쁜 하루를 돌아 나간다

거울 속의 나

살금살금
낮은 포복으로
개구리, 메뚜기 잡던 아이
첨벙첨벙
시냇물 개헤엄 치던 아이
찰칵 찰칵
순간 포착의 사진가 되었네

깡촌 시골 마을
우듬지 올라 별을 세며
뒷산 새빨간 진달래 꽃잎
입술 빨갛게 물들어 갈 때
당산나무 나이는 미처 알지 못했지

바라보고 또 바라보던
황토 흙먼지 질퍽한 논두렁 누런 벼이삭
오솔길 가득 메운 질경이 마을
멜빵바지 잘 어울리는 아이

겹겹이 쌓인 시간의 흔적들
그때가 그리도 그리워진다

순간을 잡아 빛의 농담濃淡을 그리는
나는
사랑과 인생
그리고 시를 쓰는 남자

마음의 소리

새벽 3시
벽시계 초침 소리 내 온몸을 감싼다

아침이 오려면
또 얼마나 지나야 할까?

말없이 벽을 바라보니
침묵 속에 흐르는 대화가
지나온 시간 발자국을 지나
나의 오감을 드넓은 벌판으로 안내한다

흔들림 없는 마음 구석구석
어린 씨앗들이 몸부림치듯
세상을 펼쳐가는 게 서툴고 철이 없으니
그 누가 나의 친구가 되어 주려나
둘러보지만
새벽은 고요하고

진정한 그 울림에 답하려고
고민 고민 하다 보면
신이 주신 참다운 목소리
응답을 얻지 못하고

어느새 쏟아지는 졸음

등대 일기

수평선 넘어 어둠 내리면
한 줄기 등대 빛으로 여는 하루

넓은 가슴 거친 바람을 맞고
망망대해 뱃길을 재촉할 때

출렁이는 우주의 별빛
고요한 바다에 얼굴을 내민다

뱃고동 소리에 실려 오는
구슬픈 어부의 노랫가락은

외길 가는 방랑자의 꿈을
미지의 세계로 항해 중이다

편지

행복한 가슴 열리는 시간 있다
누군가를 온전히 가슴에 담고
하염없이 사랑한다고 외치는 마음이 있다

내 마음 가장 평온할 때가 있다
넓은 호수 위에 작은 종이배 띄워
가만가만히 바라보고 있는 순간

매일 쓰는 마음의 편지가
끝없이 흘러가는 생명 줄기 되어
너나없이 소통하는 길목이 될 때

인간 본연의 순수한 향기가 피어나며
절망의 늪에 빠진 영혼을 구하고
새로운 세상 희망 도구가 될 수 있다

미지의 세계

상상 속 꿈꾸던 곳
내 영혼의 자유 찾아
미지의 섬에 간다

수평선 위에
파도 소리 쉬어가며
금빛 모래 넘실대는 곳

아~
지나간 삶의 흔적들이
소중한 내가 되어 있구나!

미지의 세계를 밟아보니
평온한 안식처는
고요함 속 여백의 미학

하늘과 땅이 입맞춤하고
햇살이 눈부신 미지의 섬
난 흐르는 세월 속에 서 있다

하루 밥 세끼

쓱쓱 싹싹
달그락 달그락
탁탁 타다닥 탁탁

이른 아침
잠을 깨는 부엌 일기

오늘도 아내의 고민은
하루 밥 세 끼를 어떻게 할까?
고민이다

한 끼 밥상의 의미는
지칠 수 없는 삶의 굴레
가족을 위한 행복언어

정성 어린 아내의 손길 위에
마음속 깊은 고마움을 느끼며
마주하는 하루 밥 세끼

아내의 빈자리

분주하던 부엌 그릇들
나란히 나란히 섰다

내 체온도 내려간 듯
텅 빈 거실이 명상 중이다

저녁 시간이면
쨍하던 잔소리 한번 날 듯한데

아내의 빈자리는
집 안 구석구석 허전한 그림자 가득

오르면 오를수록 숨이 차오르는 인생
참았던 감정들이 무거운 어깨를 두드릴 때

일상을 내려놓고 떠나는 여행 뒤로
아내의 빈자리는 허전하다

내 몸은
두 손 두 발로 무얼 했나
깊어가는 밤 울컥 번지는 외로움

아내의 일기

달그락 달그락
부엌살림 부딪치는 소리
아침을 깨우는 사랑언어 되어
둥근 식탁 풍성한 마음에
둘러앉은 가족들 미소 가득

바쁘다 바빠
출근길 챙기느라 분주한 시간 지나
혼자만의 시간 어디 있으랴

잠자던 빨래가 보이고
싱크대 가득한 그릇들
침대 위에 너부러진 옷가지들

엄마의 하루는
쉼 없는 풍차 같은
사랑 가득한 모성본능

부엌 일기

탁!
형광등 불빛이 주방을 밝히면
아내의 손길을 기다리는 그릇들

하루도 빠짐없이 냉장고 문은 열리고
탄수화물의 보고인 흰 쌀은 수도꼭지를 보고 있다
쏴아 흘러가는 물줄기는
생명을 이어주는 리듬이요
정성 어린 아내의 사랑이겠지

가스레인지 불빛 따라 펼쳐지는 요리 향연은
지글지글 보글보글 끓어오르고
둥근 식탁 위에 펼쳐지는 자연의 색채
시장기 돋는 입 속으로 삼키는 이 맛
두 아들의 입가에도 미소 가득

달걀부침, 된장국, 김치찌개, 갈치구이,
멸치볶음, 마늘장아찌, 닭볶음탕, 북엇국
먹으면 먹을수록
나이 들면 들수록
내 인생에 이보다 더
감칠맛 나는 철학은 없다!

사진 이야기 · 2

사진
그것은 찰나의 미학이며
시간의 연속성 위에 펼쳐진 빛의 농담

아름다운 자연의 얼굴들
영혼의 도화지 위에 그리는 작업

네모난 틀에 상상의 자유로
예술을 탐닉한 사랑의 변주곡

희로애락 속에 피어난 삶의 노래를
그대로 간직할 수 있는 추억상자

한 장의 사진
그것은 내 마음에 흐르는 꿈의 열매
빛나는 하루 일기

마음의 눈으로 셔터를

찰칵!
찰칵!
찰칵!

흐드러진 빛의 향연들이
우주를 돌아 동그란 렌즈에 모이면
찰나의 순간은 프레임으로 정착된다

순간순간
나의 일상들이 이야기되며
꿈결 같은 하루가 숨 쉴 때

마음의 눈으로 셔터를 누르면
한 장 한 장 그려지는
시간의 흔적들이 빛의 그림이 되어간다

사진은 내 인생의 동반자요
뿌리 깊은 인문학이며
내 삶을 일깨우는 영혼의 예술

you jae in
08

제 4 부

달콤한 잠

함께하는 아침

봄의 향기 가득한 아침
그대 두 손 잡고서
연둣빛 오솔길을 거닌다

살랑대는 바람
나뭇가지를 스쳐 지나듯
함께한 그대 사랑이 전해 온다

이슬이 마르지 않는
땅의 기운을 박차고 비상하는
봄 나비의 힘찬 날갯짓 같은

자연 정원 위에 펼쳐진
노랑 물결처럼
수수한 야생화 같은

유유히 날아가는
산새들의 지저귐에
행복한 두 발걸음

아빠라는 이름으로

책임감의 봇짐을 메고
아빠라는 이름을 얻었다

신이 주신 직업을
자신감으로 내달려 펼치고

멋진 남자
멋진 아빠
멋진 인생을 여행한다

한 번쯤
휘몰아치는 삶의 바람이
가슴을 파고들어도

아빠는
행복한 인생열차를 멈출 수 없다

사랑하는 가족이 있고
희망찬 내일이 있고
소중한 하루가 있어
입가에 함박웃음 절로 난다

신이 주신 직업
아빠라는 이름으로 꽃처럼 피어난다

흑돼지 이력서

화롯불에 구워지는 몸이라도
한 점 부끄러움 없이 살다간다면
존재하는 가치가 있다

네 발로 버티며 서 있는 동물이라도
아낌없이 주고 가는 사랑을 실천한다면
세상 태어난 그 몫을 다할 수 있다

말 못 하는 인생이라도
배고픔의 설움, 단짝 없는 외로움은
있기 마련

짧은 생을 사는 짐승이지만
복을 가져다주는 통로가 되며
사람들에게 배부른 행복을 선물하고

꿀꿀꿀 소리치다
영원한 잠이 드는
밥상머리 파수꾼

어머니, 당신은

기다림에 눈물 삼키시며
여린 가슴 말없이 부여잡고
홀로 한 자식 사랑

이제나저제나 대문 밖 바라보다
밥상머리 부여잡은 모성

어머니 당신은
자식의 잘못을 서운타 안 하시며
따스한 가슴으로 품으셨지요

깊어가는 밤의 시계 친구삼아
달빛에 물드는 세월 노래로
끝없는 사랑, 끝없는 행복 위해
헌신하신 어머니 인생

어머님 전 상서

어머님!
오늘은 겨울이 시작된다는 입동立冬입니다.

어린 막내아들 손잡고
모진 눈보라 속에도 종종걸음
허기진 뱃속 채워 주시려 칼바람 마주하시던
그 모습
제 나이 오십이 넘어선 지금
그날이 생생하게 그려집니다

허름한 집 한 채
담담히 채우시던 살림살이
텃밭 고랑엔 키 작은 파와 시금치
젖은 행주질하시던
유난히 반짝이던 장독대
감나무 가지 위 까치밥을 쪼던 참새 한 마리까지
기억 속에서 애잔합니다

저희 8남매 위해
어머님 곱디고우신 젊음을
갈퀴손 되어 흘려보내신 모성

어머님!
자식 위한 갚을 길 없는
그 사랑, 그 헌신
제가 아비 되어 이제야 깨닫습니다
어머님이 저희에게 바치신 그 사랑

헛되지 않게
이웃에게 관대하고 나 자신에겐 엄격한
어머님 사랑 영원히 기억하며 살겠습니다
존경하고 사랑합니다!
내 어머니!

이별 후에

마지막이란 말을 남기고 싶지 않았다
누구나 언젠가는 아름다움과 이별하고
싫어하는 것도 이별하며
절절한 사랑과도 이별인 것이다

떠나는 그는 손을 흔들지 않았다
언젠가 다시 만나기를 약속하듯
기억 속에 환환 미소뿐
내 어깨를 두드리고 있었다

한 줌의 재가 되어도
나를 바라보는 그를 본다
다소곳이 삶을 정진하는 사람인 듯
말이 없을 뿐

어떤 이는 말을 한다
자연으로 돌아가는 것이라고…
우산처럼 작은 하늘 아래 정을 붙인 우리는
빗물처럼 흘러내리는 눈물을 삼킬 뿐이다

또 어떤 이는 말을 한다
둘도 없는 좋은 사람이었다고
짧은 인연, 먼 길을 떠나는 방랑자처럼
그렇게 그렇게 잠들어갈 뿐
잠들어갈 뿐

* 김대규 시인을 보내는 마음
나에겐 짧은 인연 긴 이별…이었고

시간의 그물

보고 있어도
보이지 않는 것

잡으려 해도
잡히지 않는 보석

피하려 하지만
피할 수 없는 그물막

내 마음대로 쪼갤 수 없는
영혼의 소리 언어

영원한
시간의 그물
삶의 테두리

땅 끝 비밀

삼천 리 금수강산 돌고 돌아
빠알간 황토 지천에 깔린 토말에 서면
다도해 얼굴이 나를 반긴다

뱃길 따라
사공의 노랫가락은 잠자는 무인도를 깨우고
험한 파도에 실려 온 세월은 이끼를 품는다

해 뜨고 해 지는 곳
달마산 등에 지고 내달리는 곳
지맥을 달려 망망대해 이르는 곳
끝이 아닌 새로운 시작을 깨우치는 곳

출산하는 어미의 마음처럼
이어지고 이어지는 섬의 노래는
구슬픈 사자봉의 마음 달래주고
창공을 가르는 뱃고동 소리 끝없이 울려 퍼진다

나의 모습

어머니는 늘 말씀 하셨다
참을 인忍자 세 번이면
살인을 면한다고

어디로 갈지 모르는 마음의 길을
소년이던 나에게 툭 던지셨다

내 삶의 여름을 지날 때까지
가려지지 않았던 마음

살다가 살아보다가
몸 구석구석 청소기를 돌리는 중이다

쓸데없는 마음의 그림자들
버리고 달래야 어두운 터널을 벗어날 수 있으리

돌이켜 생각하니
인생이란 놈이 없으면 심심할 듯하다

당신의 손

그저 바라만 보고 있어도
내 가슴은 두근거리고
벤치 위에 수줍어하던 당신을
한 번만 만져보고 싶은 어젯밤 맹세
주저하다 떨리는 손

작고 고운 당신의 손을
처음 잡고 보니 행복 미소 가득했고
추운 겨울이 따스했다

사랑을 몰랐던 소년의 첫 경험
세월 지나 소중한 당신의 사랑은
내 인생 한 권의 소설이 되었고
순수함을 그대로 간직한 그대 향기
보면 볼수록 아름다운 당신

가려진 얼굴

길을 걷는다
하루에도 수백 명
뚜벅이다 지나치는 얼굴들

혼자 가는 사람
둘이 가는 사람
삼삼오오 재잘대는 사람들

부서지는 햇빛에 서로 다른 표정
혼잡한 길거리 자동차 가득하고
딱딱한 보도블록 미로 되었다

경쟁 속에 가려진 얼굴
마음 둘 곳 없어 외로운 현대인
자연을 친구삼아 여행하지만

꿈꾸는 이상을 이루지 못해
현실을 외면하고픈 심정
삶의 거미줄에서 그네를 탄다

달콤한 잠

이른 아침
눈을 뜨면
살며시
따스한 체온이 전해 온다

포근한 햇살 이불에
달콤한 잠을 자는 그대 얼굴은
천사의 미소를 닮았다

함께함으로 아름다운 날
하루하루 익어가는 사랑 가슴

꽃향기를 좋아하는 그대는
메마른 나의 가슴에
사랑의 향기를 피웠다

추체하기 힘든
삶의 굴레 속에 스며들어
아름다운 하루를 선물했다

그리운 날들

해와 달 그리고 별
마음의 풍차는 외롭다

기억의 저편 언덕
넓은 초원은 말이 없고

살가운 추억들은
감정의 파도를 넘어오는데

그리운 사람
멀어져간 사랑의 로맨스

한 남자의 독백은 샘물 되고
여백의 시간을 흔들고 간다

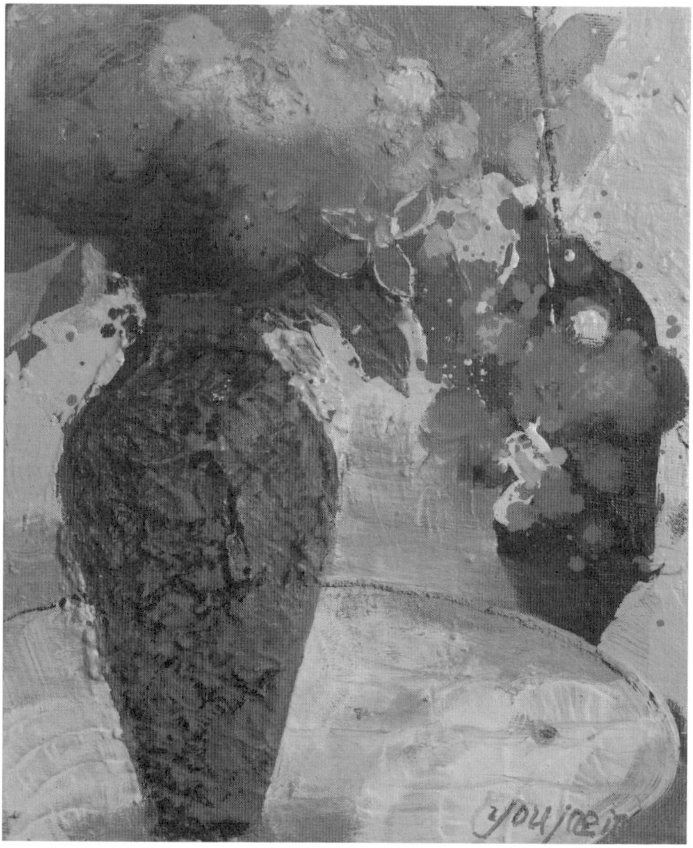
youjeen

기다리는 마음

두근거리던 마음이
여행을 하다 지쳐 쓰러진다

견디기 힘든 시간이
메마른 대지를 쓸고 간다

타들어 간 마음마저 행복이라 말하던
그리움의 종착역에 내가 섰다

사랑은 기다림의 배수로 자라고
그리움은 강물처럼 넘쳐흐른다

내 마음 흔들리지 않는 사랑의 뿌리가
그대를 품는다

무심한 벽시계는
정처 없는 인내의 강을 건너라 말하고 있다

가위바위보

가위바위보
그대와 마주한 눈빛 속에
사랑이 영글어 갈 때

바람 따라 떠나는 인생여행
나의 반쪽
나의 세레나데

지나치는 초침 위에
천사 미소 짓는 그대만 있다면
구름 위를 나르는 행복날개가 된다

가위바위보
그대 가슴을 따라
꿈꾸는 내일 열어갈 때
가벼운 날갯짓으로 한 쌍의 원앙이 된다

귀로

터벅터벅
빗물 가득한 흙길
깊숙이 팬 돌멩이 고저장단
계곡 되었다가
큰 강을 따라 흘러가는지

흠씬 물먹은 이파리 사이
낮게 걸린 거미줄에 맺힌 물방울
바람 따라 물결치는 나뭇잎
출렁출렁 떨어지는 빗방울 소리

이 산길 넘어
버드나무 샛길 지나
따가운 솔잎 팔뚝 스치며
종종걸음 치며 돌아가는 집 있어
엄마 얼굴 보고 싶어
검정 고무신 땀에 흠씬 배여도
바람처럼 내달려 차고 오르던 길

모락모락 연기 피어나는
네모 난 그 집
꿈인 듯 가슴에 품고
첨벙첨벙 걸어가는 귀갓길
아직도 비는
사정없이 양 뺨에 흘러내리는데…

벽

명상하려 벽을 보고 앉아 있었다
그러다
세상 돌아가는 시계 소리에
감정의 벽이 숨 조여 왔다

자연을 멀리한 현대인의 얼굴
일그러진 마음의 그늘
시대변화에 메마른 가슴들
가려진 어둠의 벽은 말이 없다

하지만
하루가 눈앞에 있다
숨을 쉬고 있다
걸어가고 있다
먹고살고 있다
구름이 흘러가고 있다

온전히 나를 느끼는 시간
하늘이 주신 소중한 존재
마음의 벽을 털고 일어나자

돌고 돌아가는 세상도
내가 있어야 돌아간다
모든 감정언어는 소통의 도구이며
세상과 함께할 때
내가 있다, 이웃이 있다

제 5 부

사랑의 미학

라일락꽃 향기

한두 번 스쳐 지난 자리에
그대 따스한 손길로 피어난
진한 라일락꽃 향기는
보라색 사랑에 물들게 했다

가고 오는 봄의 시계를
따스한 햇볕과 속삭이며
화단 모퉁이 흐드러지게
둥근 원을 그리며 웃음 짓는다

살랑 이는 바람에 나부끼며
하늘 향해 첫사랑의 연인을 생각할 때
꿈결 같은 추억이 펼쳐지고

한없이 수줍어하던 그 모습
아직도 내 마음을 춤추게 하는데
추억을 먹고 사는 철없는 남자를
그대는 아직도 기억해 줄까?

약속

떨리는 가슴 속으로
그대는
거친 파도처럼 밀려들어

형언할 수 없는
사랑의 밀어로
하나 되는 영혼을 약속했다

지친 일상 중에
그대는 나의 산소이며
그대는 삶의 등대

두 손 마주 잡고
뒷동산 산책할 때면
나뭇잎은 바람을 타고 춤을 춘다

함께하는 시간이
행복의 씨앗 되어
여행하는 꿈꾸는 하루
또 하루

내가 꿈꾸던 날들

두근거리는 심장 소리
깊숙한 추억의 그림자 따라
나를 채우고 있는 삶의 흔적들

필요 이상의 욕심을 버리려
다짐한 날들도 여러 번
한 해 두 해 익어가는 마음 열매

동심을 지나
청춘을 지나
중년의 언덕 위에 홀로 서서

흘러가는 구름을 타고
한 마리 새처럼
망망대해를 날아오르고 싶다

내가 꿈꾸던 날들
내가 그리던 마음의 그림들
한 남자의 철없는 푸념일까

이 아름다운 사계절의 노래를
마음에 그리며 또 그리며
가슴을 불태우는 하루 만들고 싶다

바람에 실려 간 세월

지나치는 바람이 말을 걸어온다
정처 없이 떠돌던 청춘
굽이쳐 돌아가는 길에
무엇을 보았는가?

가슴속 깊은 곳에
순간의 아름다움 춤추며
영혼의 젊은 날을 살았다

그리고
자연은 말없이
어린 왕자에게 사랑의 달콤함을
맛보게 했으며

사계절의 노래를
인생 고저장단에 실어
꿈꾸는 하루를 영글게 했다

지나치는 바람 따라
누군가 그리워지는 것은
뜨거운 가슴 바다가 되어
쉼 없이 출렁이기 때문이다

돈, 돈, 돈

세상 풍파 속에 물 흐르듯
만난 인연이 있었다

거짓되진 않았지만
남의 것도 나의 것도 아니었다

하지만 가진 자의 마음에 따라
두 얼굴의 가면이 되었다

돈, 돈, 돈
돈의 노예가 되어버린 삶

벗어나려 애써 보지만
벗어날 수 없는 굴레

냉정한 시선만이
그늘진 마음을 멈추게 할 수 있다

돈이란
물처럼 유유히 흐르는 방랑자

차고 넘치는 순간
생사의 갈림길뿐

바라보면 사랑

내 눈빛 안에
그대를 안고 있을 때

이보다 더 행복할 수 없는
사랑으로 가득한 일상

끝없는 상상의 자유로
그대와 따스하게 잡은 두 손

내 앞에 그대 영혼, 그대 숨결이
함께함으로 꽃처럼 아름다운 삶

그대를 볼 수 있다는 것은
이 세상을 다 품고 있다는 것

별 그리고 사랑

가슴에 피어나는 사랑이
마음 한구석에 별 그림자 되어
혼자만의 하루를 채워 가면

이별의 아픈 추억도
그리움의 시절 노래도
우주를 돌아 한 점 구름이 된다

오직 그대가
내 영혼을 흔들 수 있으며
오직 그대가
나를 불태우는 사랑이 될 수 있으니

한 곳만 바라보는 바보처럼
밤하늘 무수히 빛나는 별님 따라
깊어가는 밤 하얗게 새우고 새우는
가슴속 사랑앓이

나에게 주어진 하루가
그대를 위한 사랑노래를 부를 수 있다면
끝이 없는 모래사막을 말없이 갈 것이다

복이 있는 사람

너그러운 마음으로
누군가에게 풍부한 감성을 주고
늘 행복한 미소 속에
하루의 소중함을 이야기하는 사람

타인의 허물을 말없이 덮어주며
긍정적인 언어로 희망을 말하고
어깨동무를 해줄 수 있는 사람

인생 성공의 기회는
한 번이 아니고 언제든 다시 온다며
끝없이 노력의 중요성을 말하는 사람

복이 있는 사람은
온전히 타인을
그의 마음속에 그리며
배려하는 습관을 가진 사람

복이 있는 사람은
자기 자신에겐 엄격하고
타인에게는 무한한 사랑을 베푸는 사람

복이 있는 사람은
그대가 있어 세상이 아름답고
마음 가득 감사함이 넘치는 사람

나만의 별

시간이 지날수록
가슴속에 아려오는 사랑 있습니다
작았던 사랑의 씨앗들이
풍선처럼 부풀어 올라
그 수많은 시간을 참고
울먹이다 지친 그리운 마음 되어
혼자만의 시간
끝나지 않는 사랑의 속삭임으로
지금도 보석처럼 빛나고 있는
밤하늘 나만의 별이 되었습니다

사랑의 미학

사랑은
외로운 가슴이
설레는 마음을 만나
둘이 하나 되는 것

사랑은
철없는 영혼에
불멸의 씨앗을
살며시 뿌리며 스며드는 것

사랑은
홀로 가는 여행길에
두 팔 벌려 다가오는
영원히 함께 가고 싶은 동반자

사랑은
사랑은
눈물 많은 사람에게
마음의 보약을 주는 것

사랑은
사랑은
부르면 부를수록
꿈을 꾸듯 행복해지는 것

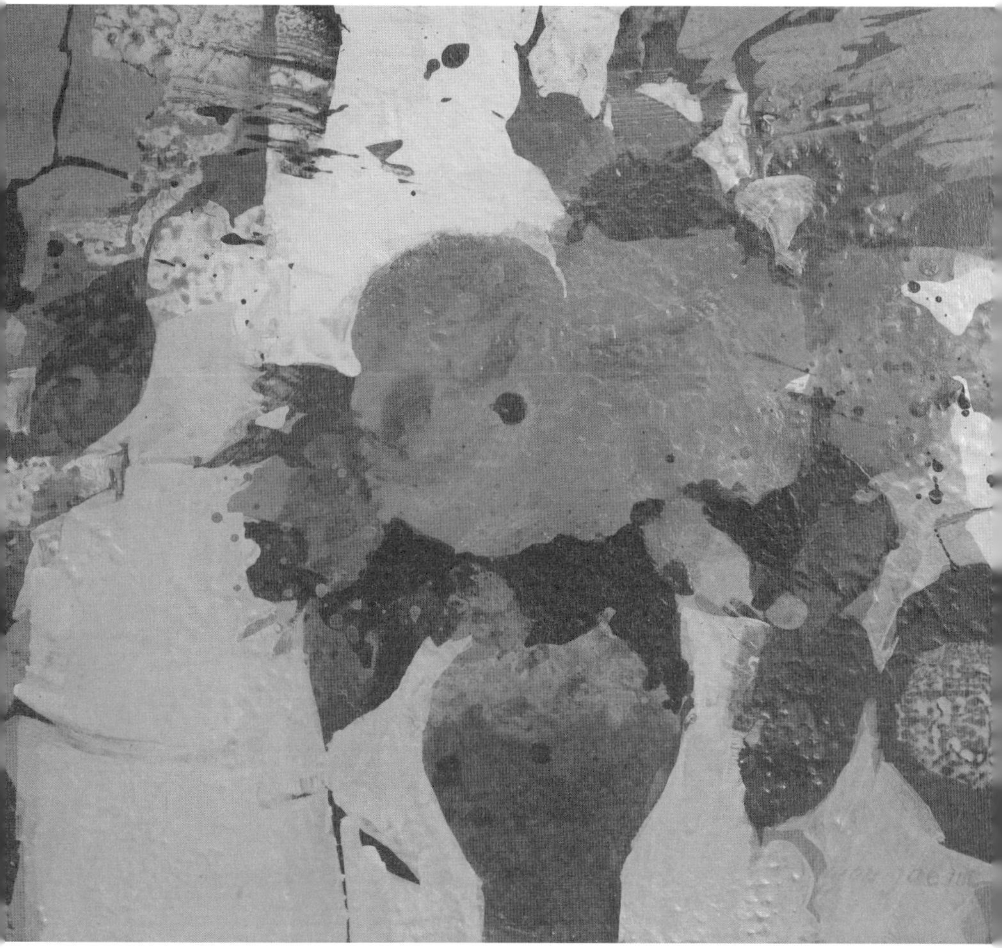

사랑하고 싶은 날

떨리는 심장 소리
그대 그림자 따라
마주 오던 바람을 따라 간다

따스한 햇볕이 비추는 오후
그대 빛나는 모습

내 영혼을 훔치는 향기는
빠르게 흐르는 시간을 멈추고
입술마저 떨리게 했다

고개 들어 하늘 보니
그대 뒷모습이
구름 따라 흘러가며

상상의 날개를 달고
그대와 하나 되는 시간

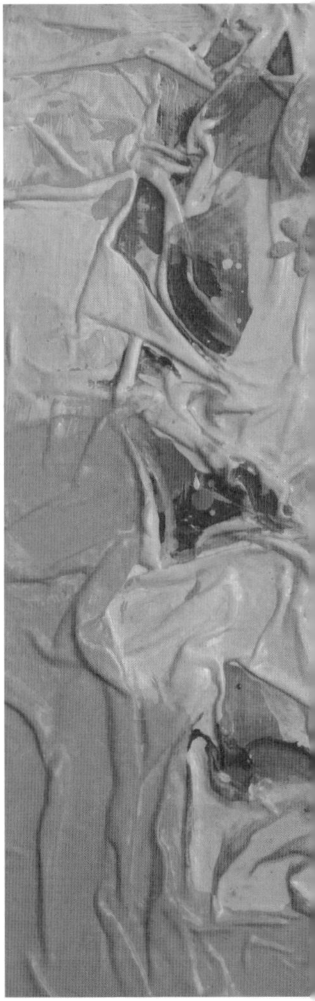

삶

마음의 벽을 넘어 거친 숨을 몰아쉰다
눈에 보이는 형상들은 하루를 살아가는
나의 거울이요, 나의 하루다

삶이란 울타리 속에
빛의 언어가 춤추고
우주가 꿈틀거린다

보석처럼 빛나는 순간을
사랑하고 또 사랑하며
추억의 창고를 채우다 보면

돌이킬 수 없는 하루에 고개 숙이고
새로 태어나는 내일이 있어 설레는 난
아이의 마음을 닮았다

마음의 그늘을 훌훌 털어버리고
새로운 날에 기뻐하며 달리다 보면
내 삶은 빛나는 보석창고가 되어 간다

영혼의 문

눈을 지그시 감는다
말 없는 사이에
언어의 유혹에 빠져든다

출렁이는 마음이
수수한 나를 만나면
평온한 호수 펼쳐진다

행복한 상상이 가득한 이곳
날마다 날마다 출근하면
근심 걱정은 보이지 않는다

하나의 영혼이
어디에서 왔으며
어디로 가는지는 나도 알 수 없다

시공간을 초월한 대화의 창은
누구에게나 함께하며
두드리는 사람에게 열리는 문이 아닐까?

흔적

두서없이
지나온 하루하루가
한 해 두 해 퇴적되어
가슴 깊은 뿌리로 남았다

잠자리 잡던 어린 손
보물찾기하던 봄소풍
콩주머니 던지며 마라톤 하던 체육대회
거제도 바닷가 보초 서던 초병 시절까지
그리운 추억 이야기

아름다운 날들의 기록
내 삶의 흔적들이
행복한 상상을 펼치게 한다
그대를 만났던 날도
영화의 한 장면처럼…

인생은 마주하는 사람들과
웃음꽃을 피워 가는 것
그리고
나를 이겨내는 것

새벽

적막함이 담을 넘어올 때
정겨운 귀뚜라미 소리 친구삼고
하염없는 나와의 대화

긴 여백의 시간
깊은 마음속 메아리 따라
지친 영혼이 숨을 고르는 일상

삶이란
온전히 나를 찾아 떠나는 여행길

후회 없이 살고 부딪치며
바람 따라 구름 따라 자유롭게
넓은 들판 가슴에 안고
여는 첫새벽

생각의 다리

하루에도
몇 번씩 나는
이러면 어떨까? 하는
생각에 잠길 때가 있다

마음과 마음이 그렇고
영혼과 영혼이 그렇다

사람과 사람이 자연 속에서
태어나 하나의 행복으로
노스탤지어를 꿈꾼다

생각의 다리를 건너는 자는
오늘 하루도
자신을 온전히 사랑할 수 있다

you ja

삶의 대화

하루 속에 흐르는 마음
마음 따라 물결 따라 파도를 가르며
진정한 사랑을 열어간다

상쾌한 아침 시간
거울을 보며 출발할 때
멋진 하루를 보내고 싶다

작은 마음의 울림들이
한 번뿐인 내 삶의 그림자 되어
추억의 뒷모습으로 남을 것이다

배우려 노력하는 습관들
부족한 나를 채울 때
어느덧 살찐 가슴 되었으며

흔들림 없는 모습으로
함께하는 사람들 속에
가슴을 내어주는 시인이 되었다

세월 가면

인생 초침 위에 서서
시간의 지나침을 느낄 때
푸른 하늘을 본다

잡을 수 없는
찰나의 순간
마음속 추억의 그림을 담고

시간 지나 오늘의 나는
사랑하는 여인이 있어
아름다운 날을 그리워할 것이다

시간 지나 오늘의 나는
사랑하는 아이들이 있어
행복한 날로 기억할 것이다

시간 지나 오늘의 나는
즐겁게 일할 수 있는 사진이 있어
순간의 미학으로 남을 것이다

시간 지나 오늘의 나는
가슴속 언어들을 모두 풀어
그리움의 눈물을 흘릴 것이다

제 6 부

찰나

세월이 흐르면

마음의 창문을 두드리는 시간
소리 없이 맴돌며 흐르는데
사랑 찾아 떠난 여행은
아직
끝나지 않았다

숨겨진 이별 뒤에
그리운 사람
흐르는 세월에 가슴을 때린다

겹겹이 쌓인 시간의 굴레가
세월의 이끼 되어 맺히면

피고 지는 사계절의 노래 따라
정처 없이 떠돌던 영혼
자연의 숨소리에 귀 기울이고
빛의 농담濃淡에 설레는 마음

스쳐가는 인연들이
행복의 꽃이 되어 피어나고
더불어 살아가는 향기 속에
나만의 인생길 여행 중이다

가로수 얼굴

힘없어 이곳에 서 있는 것이 아니다
어딘가 끌려온 것이 대로변이요
삶의 날카로운 선상이었다

수많은 날
메케한 자동차 연기 속에
환한 미소 짓는 사람들 사이로
나의 일상이 있다

그래도 한 가지
숨을 쉬는 하루가 있으니
내가 나무라는 것을 잊어버린다

얼굴이 좀 검게 그을리면 어떤가
마음은 흔들리지 않는 풍차요
세상 돌아가는 풍경을 마주하고 섰다

메마른 가지 위에
오직 바라는 마음 하나
새싹을 적셔줄 금쪽같은 단비뿐이다

승패 열전

나 혼자만 잘해서 되는 것도 아니더라
싫은 것을 피해서도 살 수 없더라
잘난 사람 많은 세상에, 이기고 지는 것이
성난 파도처럼 몰려온다

인간 본연의 소중한 가치는 어디 갔는가?
내가 잘하려 해도 상대는 내가 적인 것을…
누구의 잘못을 탓해야 하는가?

얽히고설킨 먹이사슬처럼
동물적 본능의 약육강식을 불러오니
마음 둘 곳 없는 현대인들은 외로운 철새구나!

시대가 어렵다고 피할 수 없으며
나 자신이 변화하지 않으면 행복이 없고
꿈꾸지 않으면 미래가 없다

youjoe in

시간 여행

오늘도 난 인생 초침 위에
시간을 벗 삼아 여행하고 있다

시간이 지나쳐간 자리에는
살가운 감정들이 나를 만들었고

풋내기 시골 청년도
도시 생활 속에 하나가 되었다

사람과 사람들 인연에
보슬비처럼 스며드는 세월

시간은 가장 위대한 나의 스승

봄, 여름, 가을, 겨울 오색 물결
바람을 가르듯 흘러가고

내 마음은 행복의 물결 타고
시간 여행 중

찰나

깜빡이는 신호등 앞에
발이 묶였다

옆을 보면 고개 숙인 사람들
앞을 보면 뒤섞인 자동차 얼굴들
빛에 아른거려 보이지 않는 신호등

사선이 어디인가 했더니
코앞 석 자가 사선이요
마음은 달려가고 싶으나
파란불은 너무 멀리 있다

세상사 돌아가는 일들이
간절히 바라는 소망처럼
기다림의 법칙으로 이뤄질까

고개 들어 파란 하늘 보니
이글거리는 해는 둥근 미소 짓고
나지막한 한숨 몰아쉬다
신호등 건널목을
찰나에 건너왔다

여행의 미학

구름이 흘러가듯
내 마음이 춤추는 곳으로 떠나야 한다

가녀린 들풀이 속삭이는 오솔길
흰나비의 몸짓처럼

따사로운 햇살에 부서지는 가슴 되어
망망대해 시간의 바다를 넘어간다

한 발 두 발 나의 흔적들이
새로운 길 만나

두 번 오지 못하는 인생
꿈꾸는 하루를 펼쳐간다

굽이굽이 펼쳐지는
대자연의 여행객, 생명의 환호

원초적 본능

순수한 자연의 테두리 속에
붉은 태양을 품고 살아가는 영혼들이
잠자는 대지를 흔들어 깨운다

밀려오는 욕구의 몸부림으로
살생의 도구로 삼아 세상을 흔들고
표독한 늑대의 눈빛 되어
인간의 탈을 벗어난 자태로
하루를 살고 절제력을 상실했다

그 누구를 위한 행동이며
그 끝은 어디인가?

하나의 지구가 불타는 도시가 되고
서로의 이익을 위한 전쟁터가 되어간다
탈출구 없는 세상을 모르는 철부지처럼
원초적 본능 속으로 빠져들어 간다

다가오는 미래를 책임지는 자
누구이며
어디를 향해 나아갈 것인가?

쪽빛 바다

갈매기 떼 춤추는
파란 바다 위에 넘실대는
신비의 오케스트라

부서지는 햇살 머금고
생명은 피어나고 꿈틀댄다

높고 낮은 선율이 흐르는
신이 주신 자연의 선물

영겁의 세월 머금고
거센 풍랑 속에 당당한 위엄

가슴 터질 듯이 밀려드는
황홀한 풍경 이야기
쪽빛바다 사랑

창 너머 창

마음속에 새벽이슬 맺힌다
숨 한 번 쉬고 그리운 사람 얼굴
숨 두 번 쉬고 부끄러운 마음

보일 듯 말 듯 사라지는 추억의 자리
사랑은 그렇게 나를 키운 보물단지

마음이 따듯한 날
문득 떠오르는 아스라한 추억은
지워지지 않는 사랑의 서약

초롱초롱한 이슬방울 속에
시간의 마차가 보일 때면
이름 없는 간이역에 세우고

못다 한 사랑
마음 두드려 내어주며
영원한 사랑 그리고 싶다

철부지 사랑

떨리는 가슴 안고 잠 못 이루는 밤
내 영혼 흔들어 버린 그대 모습

촘촘히 써 내려간 편지지에 번지는 먹물은
눈부신 아침을 불러오고
마음의 소리가 요동친다

사랑은 이글거리는 태양
사랑은 두 영혼을 하나로 만드는 마법상자
사랑은 눈감을 때까지 하는 철없는 소꿉친구

계절이 바뀌고
시간이 흘러가도
세월의 흔적 속에 내 마음을 사랑으로
가두고 싶다

그대를
살며시
떠올리며
입가에 미소 짓고 싶다

인생 고저장단

바람의 언덕 위에 서서
구름 열차를 타면
유속처럼 흐르는 인생을 느낄 수 있을까?

지나온 시간은 나의 얼굴이요
나의 가슴이 되었으며
변해가는 것은 마음의 소리

첫사랑의 아픈 추억도 그립고
청춘을 불태운 군바리 아저씨도 보고 싶은
세월 지나 소중한 뒷모습들이
인생 고저장단에 춤을 춘다

하루를 열어가는 인생무대 위에
무수히 많은 추억을 담아
꿈을 꾸는 나만의 별빛 축제

굽이굽이 돌아가는 인생길
후회 없는 그림자
다시 올 수 없는 순간

넋두리

세월은 가고 없지
눈앞에 보이는 건
시간의 흔적뿐

셀 수 없는 삶의 무게로
꽃 피는 봄을 기대하며
가슴속 남아 있는
영혼의 씨앗을 위해

모두가 잠든 새벽
두 눈 지그시 감고서
은은한 별빛 친구들이 하나, 둘
창문에 그림을 그릴 때면
가장 넓은 세상을 만난 것처럼
외로움 속에 행복을 노래하며
힘든 하루를 꿋꿋이 지켜 가리라

인생은 끝이 없는 삶의 순례길
한순간도 지나칠 수 없는 영화 한 편
다시 오지 못할 사랑의 시간여행

태풍의 눈

대지를 흔들어 깨우는
거대한 파장이 우주를 휘감아 돌고
장엄한 자연의 몸부림이 꿈틀댄다

보이지 않는 곳에
검은 그림자
거대한 비바람 타고 온다

떠들썩한 생명들
신의 목소리로 다가오는
태풍의 눈을 응시하라!

무심코 한 행동 뒤에
돌이킬 수 없는 역사가
끝없이 이어지는 세상이 오고 있다

틈

빼곡히 쌓인 기왓장 사이
세월을 머금고 바람을 타고서
생명이 움트는
여린 잎 하나

아스팔트 담벼락 사이
가느다란 풀잎이
강렬한 태양을 이겨낸다

척박한 공간에 생명의 씨앗 틔우며
꽃을 피우고
울려 퍼지는 고고한 삶의 노래

폭 풍

먹구름 가득한 하늘
고막을 뒤흔드는 천둥 소리

가로수변 키 큰 나무
뿌리째 흔들리고
슈퍼 앞 파라솔 힘없이 넘어졌다

베란다 창틀 창문 위로
투투툭! 투투툭!
천둥 치듯 후려치는 빗소리

놀란 가슴
휘청!
중심을 잃는다

역사가 말을 한다

백의민족
땀의 역사가 말을 한다

한반도 작은 땅 위에
휘몰아치는 풍파에도

끈질긴 생명의 고리는 이어지고
새로운 사람, 새로운 역사가 태동한다

모두가 함께하는 세상은
나누고 가꾸는 작은 텃밭을 만드는 것

행복한 미래를 설계함으로
더불어 하나 되는 삶을 꿈꾸는 것

보고 듣고 느끼는
자연의 소리를 닮아가는 것

청산도 아리랑

청정한 물안개 사이로
홀로이 노를 젓는다
청산 청산 청산에 살어리랏다

고갯마루 불어오는 바람
세상살이 무거운 어깨를 달래준다
청산 청산 청산에 살어리랏다

굽이굽이 내달리는 길마다
포근한 엄마의 품처럼 따사롭구나
청산 청산 청산에 살어리랏다

저기 저기 머나먼 남해바다
이글거리는 태양을 부른다
청산 청산 청산에 살어리랏다

너도 가고 나도 따라가고 싶은
유채꽃 향기 가득한 길 따라
청산 청산 청산에 살어리랏다

바다 향한 끝없는 사랑앓이
범바위의 가슴은 타 오른다
청산 청산 청산에 살어리랏다

산, 산, 산

산이 있어 숨을 쉬는 사람은
산이 있어 생명의 소리를 듣고
산이 있어 엄마의 가슴을 안다

산의 허리는 오솔길 돌고 돌아 미로의 정원이요
산의 얼굴은 신비스런 탑이다

산에 꽃이 피고 새가 우는 것은
산이 철따라 옷을 갈아입고 멋을 내는 것이요
산에 나무들 키가 서로 다른 이유는
대자연의 질서를 몸으로 말해 주는 것

산이 있어 행복한 사람은
넓은 가슴을 내어주는 길손이요
산이 있어 눈물을 흘리는 사람은
돌아오지 못할 풍광에 취하는 사람이다

호암 강백진 詩寫集

빛으로 쓴 시

초판 1쇄 인쇄 | 2018년 6월 10일
초판 1쇄 발행 | 2018년 6월 15일

지은이 | 강백진
발행인 | 윤영희
주 간 | 이현실

발행처 | 도서출판 **동행**
출판등록 | 제2-4991호
주 소 | 서울시 중구 을지로 14길 16-11 (2층)
전 화 | 02-2285-2734, 2285-0711
팩 스 | 02-338-2722

값 15,000원

ISBN 979-11-5988-006-3